窓 32

qp

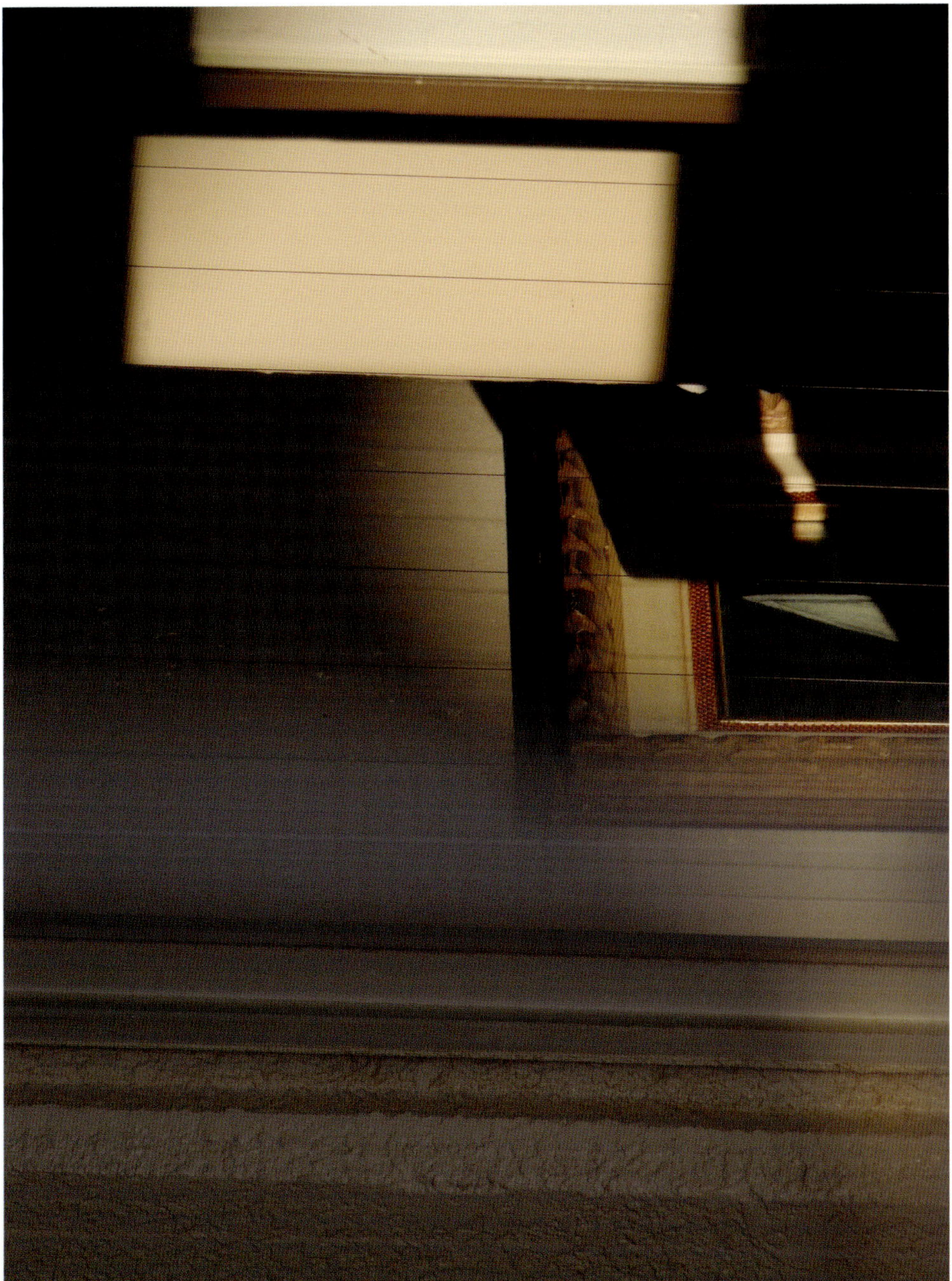

見えない

柴崎友香

アパート二階、右端の部屋の住人は、眠ることがなによりの楽しみだった。起きている時間も、床に転がり、眠気を感じて意識が薄れていく刹那がなによりの幸福だと考えていた。散らかった部屋は、壁のうち二面が天井までの書棚になっており、今まで一冊も捨てることなく増える一方の本が詰まっていた。住人は、何年も眠り続けたのち、もしくは働かずに何年もぶらぶらしていた者が、期せずして幸運に恵まれる類の話が好きで、そういう話の本は同じ一段に並べてまとめていた。目が覚めると邪魔者は皆死んでいて王子が現れたり、巨体の力持ちになって活躍し村人から感謝されたりする話さえあった。自分がいつかそうなる、と、そこまでの願望はなかったが、古今東西、役立たずにも少しは活躍の機会があると思うと心が安らいだ。

しかし、住人は連続しては三時間しか眠れなかった。しばらく起きてもう一度眠ることはできるが、何年も眠り続けるなど遠い夢のようだった。

ぱちん、ぱちん、と音が聞こえてきて、誰かが爪を切っている、と思った。それにしては、音が大きい。響いてくるこの確かな、手応えというか、空気の振動から思い浮かんできたのは、これはたぶん、東大寺の盧舎那仏《るしゃなぶつ》の指。ゆるく曲げられたふくよかな指の皺と、爪。掌から指へと若い僧侶がよじのぼって、大きな植木鋏を両手でなんとかあやつろうとしている。形の整った爪。Xの字の形に開かれた、鋏。

ぱちん。

目を開くより先に、意識のほうが覚めて、人の気配に気がついた。カーテンが掛かる窓の向こうに、誰かがいる。がさがさ、ごつごつ、と動いている。ここは二階だ。それよりも、高い位置に、人間の気配がある。

起き上がり、すでに高い角度から差し込む日差しに透けている薄緑色のカーテンを少しだけめくり、布と布のあいだから窓の外を覗いた。

ない。

木が、なかった。正確に言うと、アパートの裏の家の敷地に立つ二十メートルはある大木の、枝がすでにほとんど落とされていた。

ガラスの向こう、驚くほど近い距離のところで、鋏を持った植木職人は、焦げ茶色の、盧舎那仏の手指のあいだに立っているようにも見えた。しかしそこは、大木の中ほどの太い枝が分かれるところだった。安定した床の上にいるかのように軽々と、中空で作業をしていた。そして、右斜めの角度には、マンションが出現していた。昨日眠りにつく前も、そこにあることは知っていた。が、密集している上に伸び放題の枝葉に隠れて端のほうしか見えず、見えないのはすなわち、ないも同然だった。

しかし、今はある。

古い四階建てのマンション。ベランダはなく、縦より横が少し長い、平均的な大きさの腰高窓が並んでいた。それぞれの窓には妙に優雅な角度に曲げられた鉄の柵がくっついている。三十年か四十年前に流行ったスタイル。今日は土曜日。三月に入ってもずっと続いていた寒さが急に緩んで、とてもよい天気なので、縦に四つ、横にも四つ、合計十六並ぶ窓の中には、開いている窓もあった。柵に毛布を干している窓。上部に取り付けられた棹にTシャツと靴下を干している窓。薄暗い色のカーテンもぴったりと閉められたままの窓。どこにも、人の姿は見えない。

「おーい」

太い幹の上で、ふわふわと動きながら枝を見定めていた植木職人が、下に向かって声を掛けた。住人は、声の向かうほうへ、視線を動かした。高いブロック塀の際で、もう一人の植木職人が担いだ銀色の脚立がすっすっと移動していく。

「おーい」

木の上の職人が、もう一度呼んだ。住人は再び視線を上げた。その直後、木の上の職人が突然こっちを見た。それで住人は、慌てて窓から頭を引っ込めた。

窓際にくっつけて置いたベッドの上で、カーテンを閉めていると、確かに昨日より部屋が明るくはあるが、窓の外にあの勢いよく茂った常緑樹がないとは、嘘のような気がしてきた。見間違いだったのかも、と思った。

ぱちん。

植木鋏の刃の音がまた響いた。

少し考えて、住人はまた布団に潜って眠った。そうして、大仏殿の、大仏の目の高さのところにある二つの窓によじ登り、平城京を眺める夢を見た。

住人がここに引っ越してきたのは、二年前の夏だった。何に関しても飽き性なのに不精でもあり、新しい部屋に住み始めて半年でもう間取り図ばかり見始めるのだが実際に行動するのは更新時期に迫られてからになる。二年ごとに引っ越すから、家探しはそれなりに慣れたものだった。不動産屋とともに内見に訪れた際、猛烈に暑い日で、エアコンを入れない部屋に入ると息苦しいほどだった。部屋の奥、玄関と対角線上に位置する大きめの腰高窓を開け、雨戸のシャッターががらがらがらーっと上がった瞬間、その四角い枠いっぱいの濃い緑の葉を、部屋の中まで襲ってきそうに伸びた枝葉を見た瞬間に、ここでいいか、と思ったのであった。

その土曜日は夕方まで、植木屋たちが枝を切ったり草を刈ったりそれを片付けたりしている音と気配が止むことはなかったので、住人は窓もカーテンも開けなかった。

一日中、木のことをずっと考えていた。あれだけ枝が伸びるには何年かかったのだろう。互いに重なり合った厚い葉の奥、ほとんど日も当たらないその中には節のような蜂の巣のようなものが見え、実際去年の初夏にはクマバチを何匹も見た。クマバチはまあるい体に小さい羽根、胸は黄色い毛で覆われてふさふさしたチョッキみたいで、「くまのプーさん」に似ていた。他にも虫や鳥の巣があったはずだけど、それもみんななくなってしまっただろうか。

商店街まで夕食を食べに出て、そば屋で鴨つけ汁そばを頼んだ。茶色いつゆの表面に浮かんだあぶらの円の一つ一つに、天井の蛍光灯が映っていて、住人はそれらを一つずつ箸でつついて、くっつけていった。

窓の外にあった常緑樹は、越してきて以来、住人がいくら調べても種類がわからなかったのだった。以前に木が好きな知人から半ば無理矢理押しつけられた樹木図鑑があり、確かにそれは見分けるポイントが葉、幹、枝振り、花等のそれぞれについて明瞭に分類してあった。もらい物でたいした労もなく博識になった気分で、それは眠っていればいいことがあるという信条にも適っていたが、その木だけは、葉を見れば幹が違うし、幹を見れば花が違う、落葉でもないし、実もできない、という調子で、どうしてもわからない。もちろん、他の図鑑やインターネットでも調べた。謎、というには、それぞれの要素は平凡で、ただ組み合わせが正解でないだけなので、住人はその木を「雑種」と呼ぶことにした。

「雑種」は、腰高窓の外の世界の右半分をまったく覆っていた。左側の世界にも伸びた枝の隙間には、アパートの裏の古い家が見えていた。敷地は広いのだが、小さな建物は板張りで、ところどころトタンの波板で補強してある。どう見ても廃屋で人の気配もまったくなく、夜になると茂った大木が作る闇と一体になってそこだけぽっかりと暗闇の沼みたいになっていたが、一度だけ、珍しく雪が積もった真夜中、小さな窓に明かりがついていた。カーテンのない、磨りガラスの窓は均一に黄色っぽく光り、しかし、何の影も、そこには映らなかった。

「雑種」は季節を問わず少しずつ伸びていたようで、その一度だけ光っていた小さな窓も、いつのまにか伸びてきた枝の影に隠れてしまった。

その枝も、すべて切り落とされた。

住人が、改めて「雑種」の全容を見たのは、夜九時すぎだった。そば屋で食べた鴨の味を反芻しながら、部屋の明かりをつけないままカーテンをめくってみた。夜の曇り空はほの明るく、ところどころ隆起した太い幹が意外にもしっかり見えた。そして、裏の敷地に建物というか小屋がもう一つあったことに驚いた。

植木屋が来たということはやっぱり誰か住んでるってこと？　それとも、管理者が他所にいるのか。

右側の世界は、一面の葉の密集から、窓が縦4つ×横4つ並ぶマンションの壁に変わっていた。このアパートとちょうど九〇度の角度で建つマンションの十六の窓のうち、五つに明かりがついていた。

四階のいちばん向こうにある窓（4の1、としよう）は、カーテンがない上に明かりもつけっぱなしで、窓際に置かれているスチールの棚の上部がよく見えた。ファイルらしきものがいくつか乱雑に立てられている以外は、棚はすかすかだった。ものに埋もれて暮らしている住人は羨ましく思った。4の4、3の2、3の4、2の1は、ぴったり閉まったカーテンのそれぞれの色が明かりに透けていた。ほかは暗くて人の気配がなく、そのうち2の2の柵には毛布が干しっぱなしで、1の1から4は窓の下三分の二がブロック塀で隠れて見えなかった。

翌朝、六時すぎに住人は目が覚めた。カーテンをめくって頭を突っ込み、日光の下で改めて裏の古家を確認した。一度だけ明かりがついていたことのある小窓は、蔦《つた》の蔓《つる》に覆われてしまっていた。今は葉が落ちているが、神経のような蔓が、縦に斜めに、何本も走っている。

蔦は人の気配がなくなった途端に窓にも伸びてくると聞いたことがあるから、やはり住人はいなくなっていて、「雑種」の枝を落とし雑草を刈ったのは家を売る準備なのかもしれない、と思いながら、「雑種」の立派な幹の向こうに並ぶ、マンションの窓×16に視線を移した。

かなり角度のついた斜めから、しかも向こうのマンションのほうが少し土台が高いらしくて二階以上は見上げることになるので、部屋の様子はあまり窺えない。光を反射した窓ガラスしか見えない。

黒いものが動いているのに、気づいた。3の3の柵の間から、黒い動物の頭が突き出ている。犬。前足を窓枠に掛け、外を必死に見ている。ペット可なのかー。他にもいるのかな。猫も飼えるのかな。

そこから手前の3の4に視線を移して、あっ、と思った。白い手が見え、窓を開ける瞬間を目撃した。窓枠の真ん中を持ってすっと開けた白い手は、それから空中に差し出され、雨でも確認するみたいに掌を上に向けて、それからひらりと引っ込んだ。

以後、毎朝六時から七時のあいだに目覚めると、住人はカーテンをめくり、マンションの窓たちを一つ一つ確認するのが習慣になった。

3の3の犬は、七時前後の二十分ほどほとんど毎日柵の間から外を眺めていることがわかった。何度か頭を引っ込めることがあっても、また戻ってきて、鉄棒の隙間に頭を突っ込み、窓枠に細い前足をかけて、なにかを探すように時折頭を左右に動かす。見えないが、しっぽが勢いよく左右に振られている図が住人の頭には浮かんだ。でも本当は、あの犬種のしっぽがどういう形をしているのか、知らなかった。
そしてその犬が引っ込むか引っ込まないかの時間になると、3の4の窓が開き、白い手が現れ、消えた。会社から帰ってくると、3の3の窓も3の4の窓も閉まっていた。皆、規則正しく生活している。

しかし、いくら眺めていても、その手以外に、どの窓にも人の姿を見つけることはできなかった。こちらのほうが低い位置にあるから、圧倒的に不利である。どこかの窓から、自分を見ている人がいるかもしれない、と住人は危惧したが、それはうっすらとした期待でもあった。

3の3の犬を眺めたり、2の4の干されたまま雨に濡れている洗濯物の心配をしたり、4の1のカーテンがない窓に人の姿を探したりしているあいだも、ずっと気がかりなことがあった。「雑種」は、また葉や枝が生えてくるのだろうか？

「雑種」は、太く分かれた六、七か所だけが残され、その先から伸びていたはずの細い枝はすべて落とされていた。春、これから桜や新緑が見頃、というときに緑色の部分はすべてなくなってしまった。太い枝の根本の部分がぼこぼこと盛り上がっているのは、きっと何度もこうして切り落とされてはそのあとにまた新芽が出てきて、それが繰り返された結果なのだろうと推測できたが、それにしても、こんなにただの一枚も葉がなくなってしまっては、今度こそもう生えてこないかもしれない、と思えてしかたなかった。他の木々が新緑をぼぼわわっと吹き出しても、「雑種」には何の変化もなかった。

ところで住人は、会社勤めをしていた。現在の場所に通い始めていつのまにか六年が経過していた。「主な仕事は東南アジアからの輸入品の解説書翻訳」と募集要項には書いてあったが、要するに会社の事務全般だった。会社は住宅街の古いマンションの一室で、面接に来たとき、こんなところに、と思った。しかも社長は神戸生まれの神戸育ちだが両親はインド人。ボリウッド・スターのような外見に大声で関西弁をしゃべるので、このあたりでは目立つ。社長は週に一回、神戸にある本社からやってくるだけで、その他の時間は従業員四人が、1LDKの室内で仕事をしている。住人は、隣に座る先輩のデスクの上に置かれた、子犬の日めくりカレンダーに目を留めた。この人なら知っているのではと思い、3の3の犬の特徴を説明した。あのー、ちょっと聞いてみるんですけど、犬で、柴犬よりちょっとちっちゃいくらいの大きさで、すっごい細くてつやっとしてて、主に黒くて耳とか顔とか足の先は茶色い、顔の尖った感じの犬って……、

「ぴんしゃー」

パソコンの画面から目も上げず、無表情に先輩はつぶやいた。

「犬なんですが」

先輩の発した単語が犬と結びつかず（テリアとかハウンドなら予想内だった）、住人は聞き返した。先輩は繰り返した。

「ミニチュア・ピンシャー」

ミニチュア、が付くと多少犬っぽく感じられた。

「へえ」

「十万ちょっとだね」

住人には犬の値段、というものを考える習慣がなかったので、先輩がなんのことを言ったのか、また一瞬、ぽかんとしてしまった。そうか、あれ、売ってるのか。

ベランダに面した窓からは、雨に濡れている隣の家の屋根が見えた。

自分のアパートの裏のあのマンション、あの十六の窓のどれかのなかにも、こういう会社があったりするのだろうか。

前に勤めていた会社は大きなオフィスビルにあって、眠くなるとときどきトイレで寝ていたのだが、ここではすぐバレるのが住人の悩みの一つだった。

ピンシャー、ピンシャーと唱えながら、住人は帰りに駅からの道をいつもの二つ手前で曲がった。いつも眺めているマンションを確かめに行こうとしていた。住人のアパートとマンションは裏側はすぐそばなのだが、表は区画の反対側に向いており、しかもマンションは細い路地のずっと奥にあるらしく、全容を見たことがなかったのだ。二つ手前で曲がって、左にある路地に入る。さらに鈎の手に曲がった先、突き当たりに木の門があった。周囲とは年代の違う古い門。どうやら大地主らしいその敷地の一部にマンションは建っている。木の門の左側に、鉄製の門扉が付いた細い路地が伸びていて、手前に二棟のアパート、いちばん奥にマンションがあった。手前の崩れそうなアパートに隠れて、見えるのはマンションの上部。灰色の壁に4の1と3の1の部屋の、いつも見ているのとは別の窓が、縦に並んでいた。

ミニチュア・ピンシャーを連れた飼い主が路地から出てくるのではないかと、しばらく待ってみたが、現れなかった。灌木の茂みの隙間から、路地を掃いているらしい人影がちらちらしていた。しゃっしゃっという箒の音だけが響いていて、ふと、それがはっきりと聞こえるほど周りが静かだと気づかされて、振り返った。袋小路も、だれも歩いてこない。

もう一度マンションを確かめると、4の1の縦長の窓に、白い光が見えた。電灯がつく瞬間を見逃したことが、どうにも悔しかった。いつも見ているスチールの棚の裏側が、影になって映っていた。三階の縦長の窓には、サボテンらしき鉢の影があった。

四月末から住人の会社は九連休になり、郷里で法事に友人の結婚式などもあったので、飛行機で二時間分離れた郷里の街で九日間のすべてを過ごし、そして再び二時間飛行機に乗ってびゅーんと帰って来て、夜遅くなったし疲れていたのでそのまま寝床に潜り込んだ。

翌朝、雨戸のシャッターを開けて、住人は心底驚いた。「雑種」に、たっぷりと葉が生えていたのだ。

発光するように鮮やかな黄緑色の葉。それがぎっしりとついた細い枝が、何百本も出現し、しゅうしゅうと花火みたいな形に伸びて、「雑種」の姿はまったく違うものになっていた。

葉は、枝が落とされる前まで生い茂っていた葉に比べると、まるく、一回りは大きくて、別の種類のように見えた。ヤドリギなどの寄生植物の可能性も検討したが、やはり「雑種」の幹の全体から、噴き出しているようだった。

「雑種」が再び季節を繰り返し始めたことに安堵したし、植物の生命力に感動した。

しかしそのせいで、マンションの窓の半分が見えなくなっていた。２と３の列が隠れてしまった。葉の隙間から窓枠と柵の一部がちらちらと確認できるだけで、ミニチュア・ピンシャーの姿を見られなくなったことが、なによりも残念だった。

その後も、毎朝、住人は観察を欠かさなかった。相変わらずカーテンのない４の１や３の４の窓を開ける白い手は、まだ見えた。「雑種」の枝葉は、一日一日、早送りの実験映像のように、驚異的なスピードで伸びていった。

そして、住人は会社も月曜から金曜まで同じ時間の電車に乗って通い続けた。

「化け犬、っていないんですか?」

住人は、隣の先輩の机に置かれた、子犬の日めくりカレンダーを覗き見ながら、聞いた。今日の子犬は白と茶色の耳の垂れた種類だった。先輩はマウスを握り、ディスプレイを見たまま、あ?　と言った。

「なんで猫だけなのかなーって。化け犬って、聞かないじゃないですか」

あー、と先輩は気のない返事だった。

「最近、思ってること、話してもいいですか」

「どうぞ」

「化け猫って、長生きした猫が変化するわけでしょう。年月を重ねてだんだん姿形が変わっていって、その種の特徴よりも個としての特徴のほうが際立ってくるってことと解釈して、それを妖怪化と呼ぶことにしますけど、それだと全然理解できる現象だと思って、猫って結構長生きで、犬って十年ぐらいだからあんまり化けないんですかね、じゃあ、木って何百年とか、中には千年超しちゃうのもたくさんあるんで、余裕で妖怪化で、まあ巨木とかご神木っていうのはああ妖怪だなって実感できるし、百年行かなくてもちょっと性質が変化しちゃうってことは、まあ、そんな珍しくないのかな、と」

先輩はようやく顔を住人のほうに向け、しかし表情は少しも変えずに言った。

「聞きたいのは犬のこと？　猫のこと？　木のこと？」

「犬です」

「知らない」

住人は、自分の表現、解説力のなさを悔やんだ。先輩は来月末で辞めるそうだ。現在この事務所に勤める中でいちばん長くいる先輩が辞めると、住人が最古参になる。いつのまに、と住人は思う。社長がここに何年前からいるのかは、詳しくは知らない。社長は六十二歳らしいが、その風貌のせいで、四十代と言われても納得しそうだし、七十代と言われても、お若いですね、と頷いてしまいそうだ。週に一度やってくるとまずお茶を飲む。従業員がなんのお茶ですか、と聞いても教えても分けてもくれない。

毎朝、通勤する電車の中で、住人はずっと外を見ている。車窓の向こうの、一戸建て、マンション、雑居ビル、学校、鉄塔。ただぼんやり視線を向けているだけで、それなりのスピードで移り変わっていくことが、不精ものの住人にとっては素晴らしいことに思えた。もうすぐ丸二年、毎日毎日見ていて、あの家が改築したことも、駅ビルの階段でいつも煙草を吸っている女がいるのも知っているが、どの部屋ともどの人とも自分は関係がないことが、不思議でしかたなかった。

「雑種」の枝葉は伸び続け、そのあいだに、裏の敷地には雑草がすごい勢いで復活し、古家全体を覆っていた蔦の蔓にも葉が現れた。最初、緑色の小さな鳥の足みたいなものが出てきた、と思ったら、見るたびにその緑色は大きく開いていき、屋根以外の場所をほとんど覆いつくしてしまった。小窓のガラスも、すでにほんの僅かな面積しか見えない。あの窓はもう二度と開かないだろう、と住人は確信した。しかし根拠もないし、先のことは誰にもわからないので、開くところを見たら住人は自分が見たものを信じるだろう。もう一つの小屋のほうには、不思議と蔦は少しもくっついていなかった。

「雑種」は案外三年くらいで元の姿に戻るのかもしれない、と住人は思った。

土曜日に大雨が降り、住人は部屋から出なかった。

大雨の日に部屋に閉じこもって雨の音を聞いているのはなんという幸せだろう、と子どものころから思っていたが、この数年は雨の音を少し怖く感じるのだった。年を取ったのだろうか、と住人は思う。怖い、という感情は経験の産物だ。知らないものは、たぶんほんとうはなにも怖くないのだ。

床に転がって、中国の昔話を集めた本を読んでいると、すぐに寝てしまった。背中が痛くなって起き、うどんを食べて、本を読みかけてまた眠り、今度は足がしびれて目が覚めた。起き上がってベッドに移動した。時計はちょうど三時を指していたが、灰色の雲に覆われた空は薄暗いほどだった。

窓に近づいて、外を見た。

風が強く、「雑種」から噴き出ているまだ細い枝が、風に煽られてしなっていた。ときおり突風が吹き、葉なんてみんなちぎれて坊主になってしまうのではないかと心配になった。たたきつけられた雨粒が、裏の古家の屋根で弾けていた。マンションの窓は、やはりどれも閉まっている。4の1にも明かりはなかった。

ごっ、と音がして、住人のアパートが少し揺れた。裏の家はなぜ倒壊しないのだろう、と思っていたら、「雑種」から枝が一本離れ、渦巻く風に舞い上げられて、それから3の4の窓の上、物干し竿を取り付ける金具のところに引っかかった。葉が、濡れた壁に張りついた。

3の4の窓が開き、白い手が現れた。いつものように、掌を上に向け、雨を受ける格好をした。そして、手は、すうっと上に伸びた。腕は長く、白かった。手、肘、二の腕が、異様に長い。肩は見えず、太い蛇みたいな腕だけが、するすると出てくる。二の長く白い手は、ぐにゃりと曲がって、器用に枝を壁から取り上げ、それを持ったまま、窓の中に戻った。それから、窓だけがゆっくりと閉まった。

住人は、随分と長い間、木と窓たちを眺めていた。

窓のあっちとこっち

中山英之

突飛な考え方かもしれないけれど
地面に円をひとつ描いて
すごく小さな領域と
とても大きな領域
世界をふたつに分割した
というふうに
考えてみることはできないだろうか

たとえば赤道くらい大きな円なら
北半球と南半球
ちゃんとふたつの領域に分けたことになるし
中も外もありません

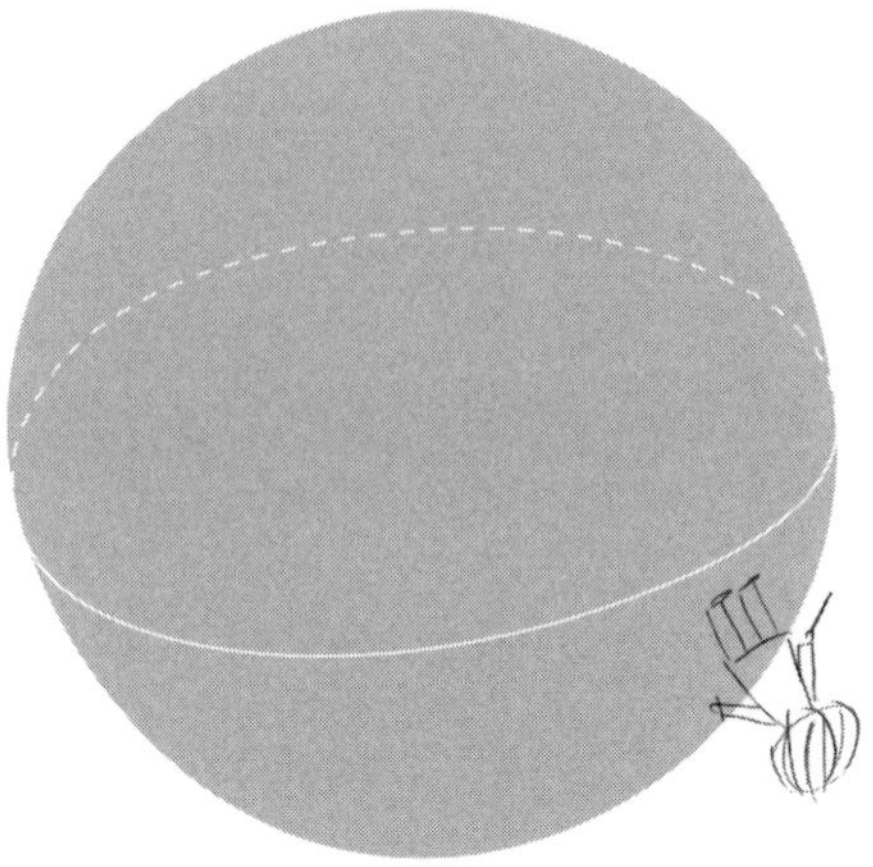

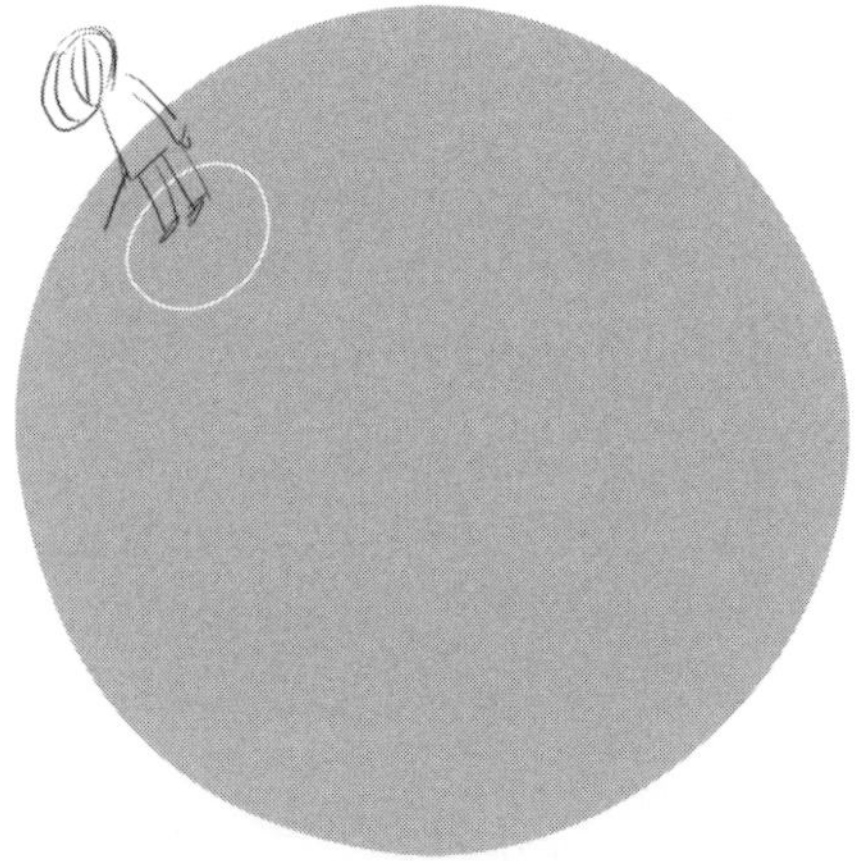

だけど足元の小さな円は
そうはならない
小さな円には「中」があり
円のまわりは「外」になる

建築も
そうはならない
建築は「中」をつくるし
それと同時に
ただの世界を「外」に変える

「外」にくまがいても
「中」にいれば安心です

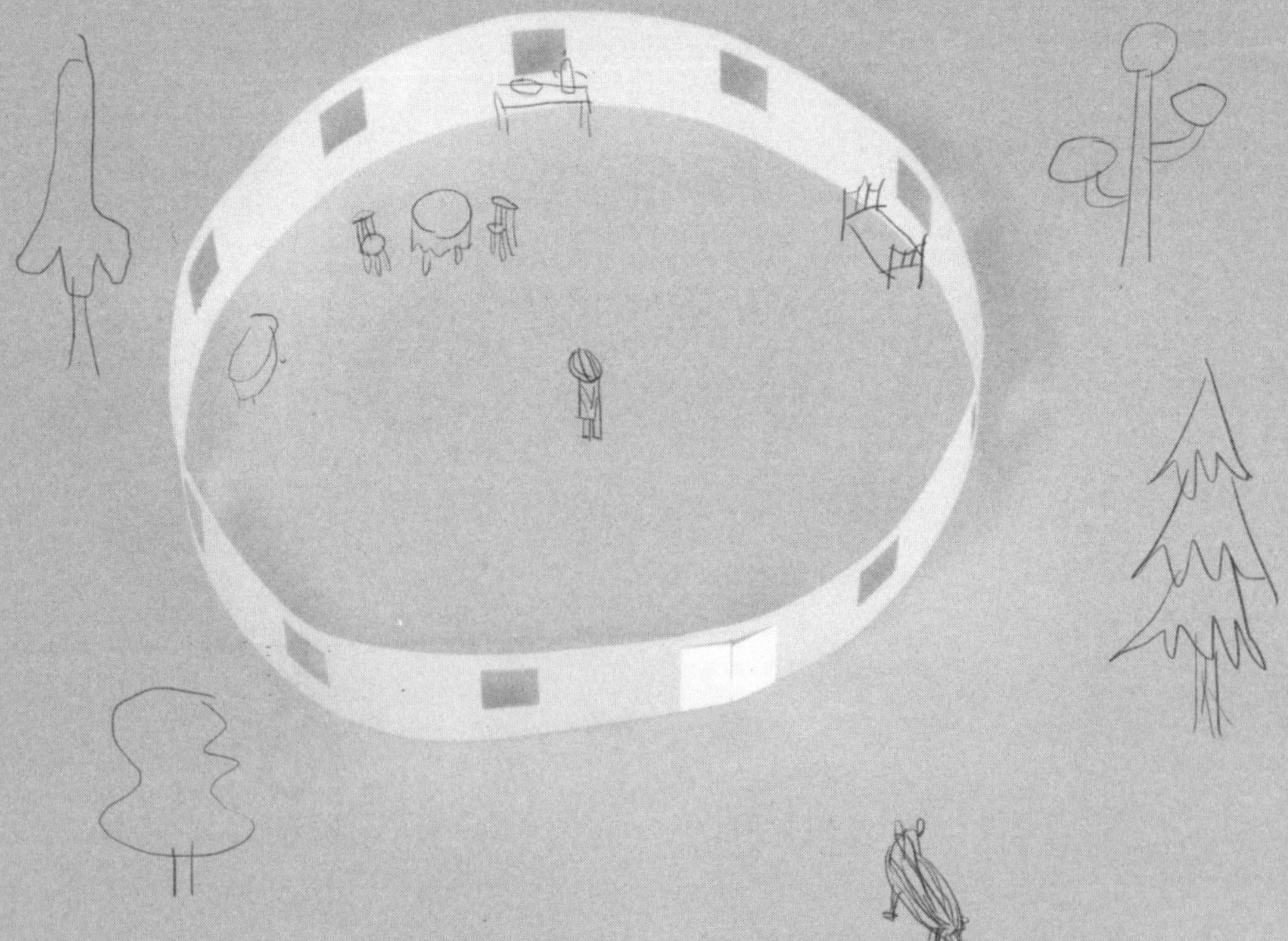

窓のむこうにくまがいる

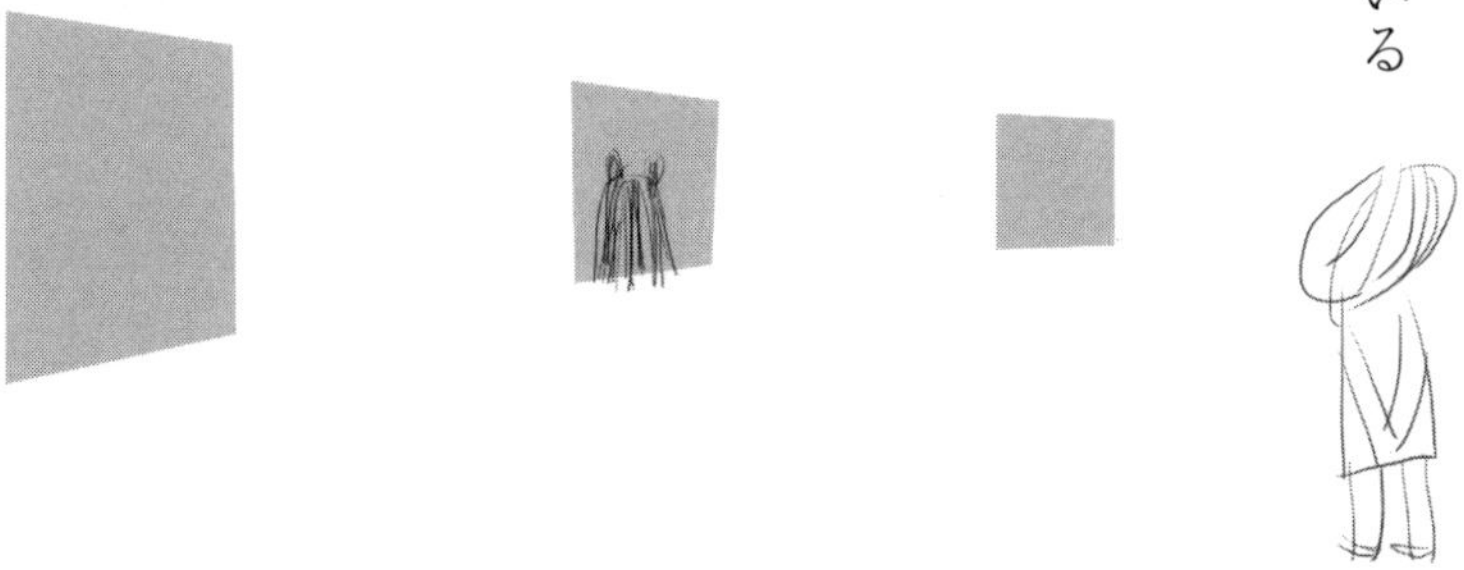

窓のむこうにひとがいる

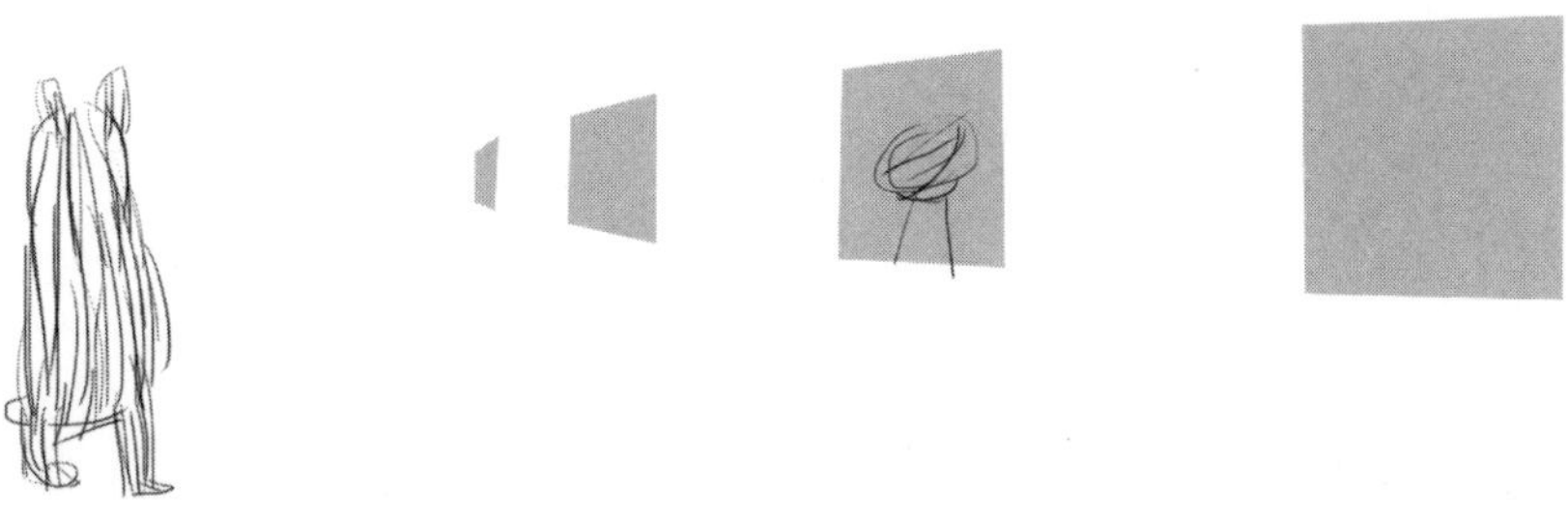

円のなかにもうひとつ円を描けば
実のなる樹や
たまごを産む鶏を
そだてることもできます

すてきな家ね
ともだちも訪ねてきました

ともだちのために
果物とたまごをとりにいくと
窓のむこうからくまが
こちらを覗いていました
そこで木の実を
ひとつもいでやりました
反対側の窓から見ていたともだちには
たまごをふたつ手渡しました

窓のむこうにともだちがいる

窓のむこうにくまがいる

この場所にとって

「外」とはどこのことなのでしょうか

「中」とはどこのことなのでしょうか

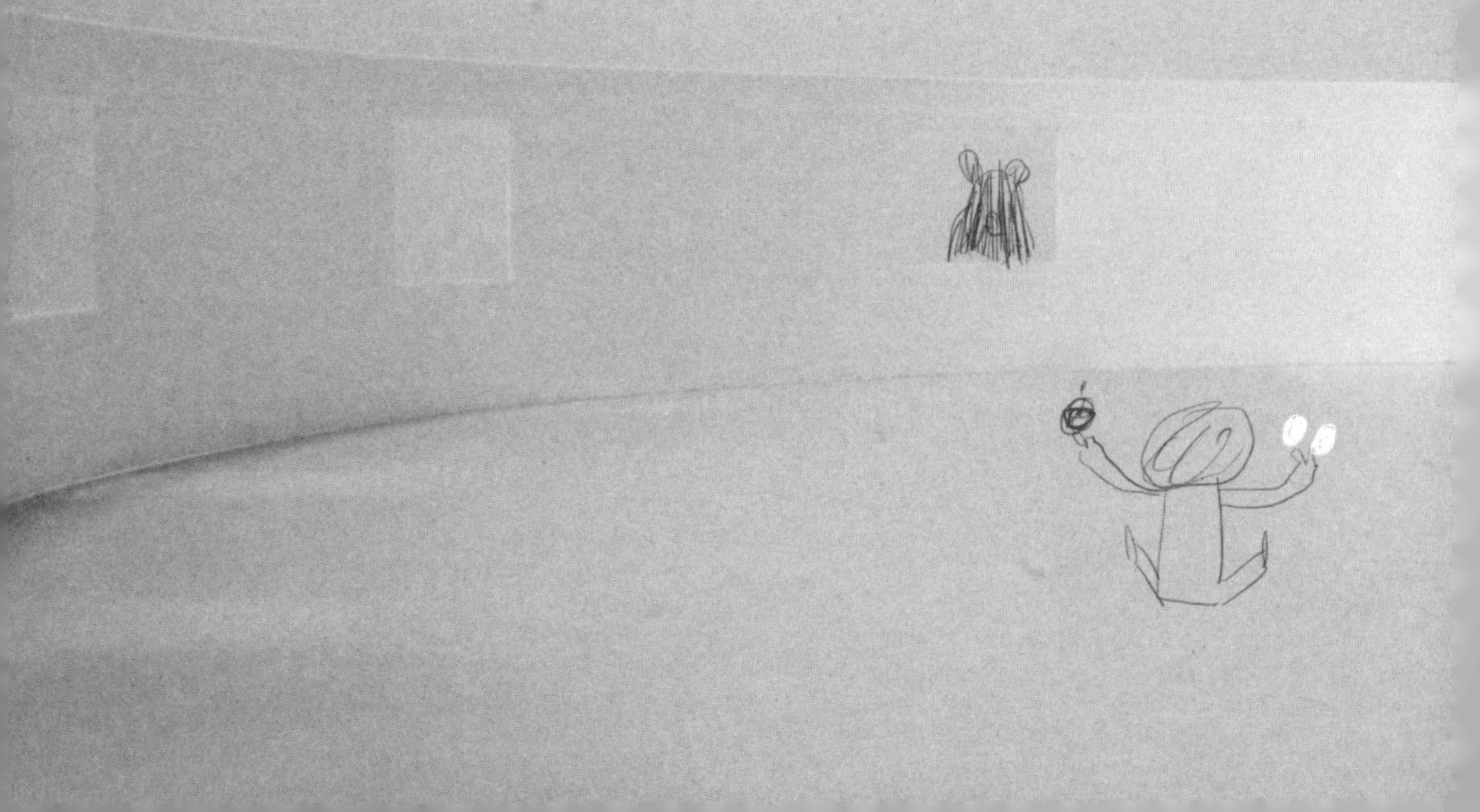

小さな領域には今
五つのたまごがあります
大きな領域にはたぶん
数えきれないくらいのたまごがあります
だけど無限にあるわけでもなくて
いつか数えられる日が来るかもしれません

おわり

これは、とある別荘を設計していて
趣味のガーデニングを野生の動物に荒らされないように
柵をつけてほしいと頼まれたときに考えたおはなしです。

ある領域を守る建築にはどうしても
窓のこちらを「中」、あちらを「外」というふうな認識を
生み出してしまう働きがあります。
数学的に考えれば、建築は球体の表面を仕切っているだけなのですが
それぞれの大きさがあまりに違うので
片方が想像の「外」に遠のいてしまうのは仕方ないことかもしれません。

この小さな丸い庭では
「中」にいるともだちも「外」の動物たちも
窓のむこうに同じように並んで見えます。

限られた場面の一瞬のできごとですが
建築をつくることで「中」と「外」が対等に並んだ
窓があらわれました。

小さな庭の隅々にまで意識をゆき届かせることと
窓のむこうのひろがりに想像をふくらませること。
建築があらかじめ
そのどちらかに重みづけをするのではなくて
窓をはさんだふたつの領域を
時間軸を持った対等なつり合いとしてとらえる。
そんな建築の可能性について
考えています。

[著者紹介]

qp きゅーぴー

画家。一九七九年兵庫県生まれ。谷川俊太郎『二十億光年の孤独』『62のソネット＋36』（集英社文庫）の装画や、雑誌『真夜中』への寄稿（3・9・11・12号）といったイラストレーターの仕事の一方、専門分野に囚われず、写真・動画・詩文など自身の日常に根づいた創作をし、インターネット等で発表する。本誌にはNo.2で装画および連作写真《人間の位置》を提供。qpの写真は身近な事物を写すが、それは所謂ありふれた日常ではない。人にせよ物にせよ猫にせよ、対象を観察する自分の驚き、親しみ、憧れ、畏怖、それらそのものを湛えると同時に、その光景に外から意味を与え、それが世界にどう位置づくものか示そうとするしたたかさがある。覗き見るような身体的な眼差しと、どこか引いた傍観者の距離感。この視線の二重性によって、窓からは日常を超えたもう一つの日常がもれ出す。
http://www.k5.dion.ne.jp/~yokogao/

柴崎友香 しばさき・ともか

小説家。一九七三年大阪府生まれ。二〇〇〇年のデビュー作『きょうのできごと』（河出文庫）から既に際立つ、複数の場所の巧みな関係づけとそれによる小説空間の生成は、柴崎が大阪府立大学で人文地理学を専攻していたことと無縁ではないが当然それだけで説明できもしない。複数の場所または人間が相対化され遍在するという空間図式は、「人の気持ちは分からない」という自らの基本的な人間観に基づき、従ってそこではあるかないか判然としない内面よりも目に見える外見が先立って小説を動かす。ある場所（人）とある場所（人）は隔てられてはいるが、その間にあるのは「壁」ではなく「窓」であり、事実、窓にせよカメラにせよテレビにせよ、小説の中ではガラス越しの視線がしばしば重要な場面を生む。例としては最新作『わたしがいなかった街で』（新潮社）第23章の奇跡を見よ。
http://shiba-to.com/

中山英之 なかやま・ひでゆき

建築家。一九七二年福岡県生まれ。建築が領域を固定してしまうこと、人々の活動や認識を固定してしまうことに抵抗する中山の志向は、東京藝術大学大学院の修士制作《動く窓の家》に早くも表れ、現在まで一貫する。多数のスケッチと共に自作を語る『中山英之／スケッチング』（新宿書房）や、本誌No.0のアンケート、No.1の座談会の発言にもその意識は窺える。建築は人々が自由で主体的で生き生きとしていられる、そんなダイナミックな状況に寄与すべきである。例えば最新作《Y邸》の勾配屋根に開けられた天窓（本誌裏表紙）は、隣家の白い壁と、それに呼応して白く塗られたこの住宅の外壁との間を往来する光の運動を屋内に導く。領域を内部で固定させず外部と動的に関係づける。その初期設定は外部の変化を受けて更新され、主体は生活の中で自身の位置を能動的に捉え直す。
http://www.hideyukinakayama.com/

窓《まど》の観察《かんさつ》 『建築と日常』別冊

[発行日] 2012年9月8日 [頁数] 64頁 [著者] qp 柴崎友香 中山英之 [編集発行者] 長島明夫
richeamateur@gmail.com [表紙デザイン] 大橋修（thumb M） [表紙写真] qp [印刷・製本] ユアプレス

 ISBN978-4-9906610-0-7